TABELLENKALKULATION MIT EXCEL

Band 1: Rechnen mit Datum und Uhrzeit

GESETZLICHE BESTIMMUNGEN

© 2023 Karen Schümann

Herausgegeben von: tredition GmbH

Druck und Distribution im Auftrag der Autorin:

tredition GmbH, Heinz-Beusen-Stieg 5, 22926 Ahrensburg, Deutschland

ISBN: 978-3-384-02742-9

Das Werk, einschließlich seiner Teile, ist urheberrechtlich geschützt. Für die Inhalte ist die Autorin verantwortlich. Jede Verwertung ist ohne ihre Zustimmung unzulässig. Die Publikation und Verbreitung erfolgen im Auftrag der Autorin, zu erreichen unter: tredition GmbH, Abteilung "Impressumservice", Heinz-Beusen-Stieg 5, 22926 Ahrensburg, Deutschland.

Die in diesem Buch erwähnten Hardware-/Softwarebezeichnungen sind meist eingetragene Marken und unterliegen als solche den gesetzlichen Bestimmungen. Verlag und Autor richten sich im Wesentlichen nach den Schreibweisen der Hersteller.

MICROSOFT® ist eine eingetragene Marke der MICROSOFT CORPORATION in den USA. Alle genannten und ggf. durch Dritte geschützten Marken- und Warenzeichen unterliegen uneingeschränkt den Bestimmungen des jeweils gültigen Kennzeichenrechts und den Besitzrechten der jeweiligen eingetragenen Eigentümer. Allein aufgrund der bloßen Nennung ist nicht der Schluss zu ziehen, dass Markenzeichen nicht durch Rechte Dritter geschützt sind.

Die in den Übungen/Beispielen verwendeten Namen von Firmen, Produkten, Personen, Orten, Ereignissen, eMail-Adressen und Logos sind frei erfunden. Jede Ähnlichkeit mit tatsächlichen Firmen, Produkten, Personen, Orten, Ereignissen, eMail-Adressen und Logos wäre rein zufällig.

Inhalt

Gesetzliche Bestimmungen 2
Inhalt 4
Mit Datum und Uhrzeit arbeiten 6
Vorwort 6
Warum in gedruckter Form? 7
Die Benutzeroberfläche von EXCEL 9
Allgemeines zu Datumsangaben in EXCEL 11
Hintergrund 11
Datum und Uhrzeit eingeben 13
Schnell aktuelles Datum/aktuelle Uhrzeit eingeben 13
Datums- und Uhrzeitformate zuweisen 15
Zwei nützliche benutzerdefinierte Datumsformate 17
Das Alter (in Jahren) 17
Ein Datum als Wochentag ausschreiben 19
Besonderheiten der Stunden-Berechnung 20
Übungen zum Wiederholen 23
Welches Datum in (z.B.) 3 Wochen? 23
Wann endet ein Termin, ... 24
Wie viele Tage liegen zwischen zwei Datumsangaben? 24
Weitere Datumsberechnungen 25
Einzelne Komponente (Teilwerte) ermitteln 30

Die Funktion Tag(Datum) 30

Die Funktion Monat(Datum) 30

Die Funktion Jahr(Datum) 31

Andersherum: Aus Zahlen ein Datum erzeugen 31

Arbeitstage berechnen 32

Allgemeines 32

Die Funktion Nettoarbeitstage 34

Besonderheit: 6-Tage-Woche 37

Die Funktion Arbeitstag 39

Funktion Tage360: Zinstage berechnen 41

Glossar 44

Nachwort 47

Mit Datum und Uhrzeit arbeiten

Vorwort

Das Tabellenkalkulationsprogramm Excel stellt bereits etliche vordefinierte Funktionen zur Zeitberechnung zur Verfügung. Dabei ist es nicht einfach, die „richtigen" Formeln für sich herauszufinden.

In meiner langjährigen Trainertätigkeit habe ich immer Wert daraufgelegt, genau bzw. nur die Tools eines Programms zu schulen, die auch wirklich im Alltag zu gebrauchen und nicht allzu kompliziert in der Anwendung sind. Daraus ergibt sich eine entsprechende Vorauswahl, bei der ich darauf geachtet habe, die dazu gehörigen Arbeitsschritte so aufzuzeigen, dass sie für Sie als Anwenderinnen und Anwender leicht nachvollziehbar sind.

In meinem ersten Buch über das Rechnen mit Datum und Uhrzeit beschränke ich mich auf Zeitfunktionen, die Sie überall in Ihren Tabellen einsetzen können.

Es gibt natürlich schon Literatur über Excel im Allgemeinen, bei mir stehen auch einige solcher Bücher im Regal. Aber tatsächlich nutzen wir nur ein Bruchteil dessen, was Excel anzubieten hat. Vieles ist sehr speziell, wird daher im Alltag nur sehr wenig angewandt. Das heißt, ein Großteil dieser Kompendien wird kaum oder gar nicht gelesen/benötigt. Daher mein Entschluss, einen Sammelband zu schreiben. Jeder Band befasst sich dabei gezielt mit nur einem Thema - kurz, knapp, aber ausreichend und verständlich erklärt.

Warum in gedruckter Form?

Eine Studie der University of Maryland/USA hat das Lernen von Studentinnen/Studenten untersucht. Das Ergebnis ist interessant: Trotz Digitalisierung ist das Lernen mit gedruckten Büchern effektiver. Die Leserinnen/Leser gaben nach dem Lesen eines Textes in gedruckter Form bzw. auf einem Tablet zwar an, den Text auf dem Tablet schneller verstanden zu haben, waren sogar schneller mit dem Lesen fertig. Aber: In schriftlicher Form wurde der Text besser verstanden.

(Quelle: *Effects of Reading Digital and Print Texts on Comprehension and Calibration* aus dem The Journal of Experimental Education, Volume 85, 2017, Ausgabe 1).

Die Benutzeroberfläche von EXCEL

Um die in diesem Buch aufgezeigten Schritte nachvollziehen zu können, erkläre ich zunächst die einzelnen Bestandteile der Benutzeroberfläche in der Normalansicht einer Tabelle:

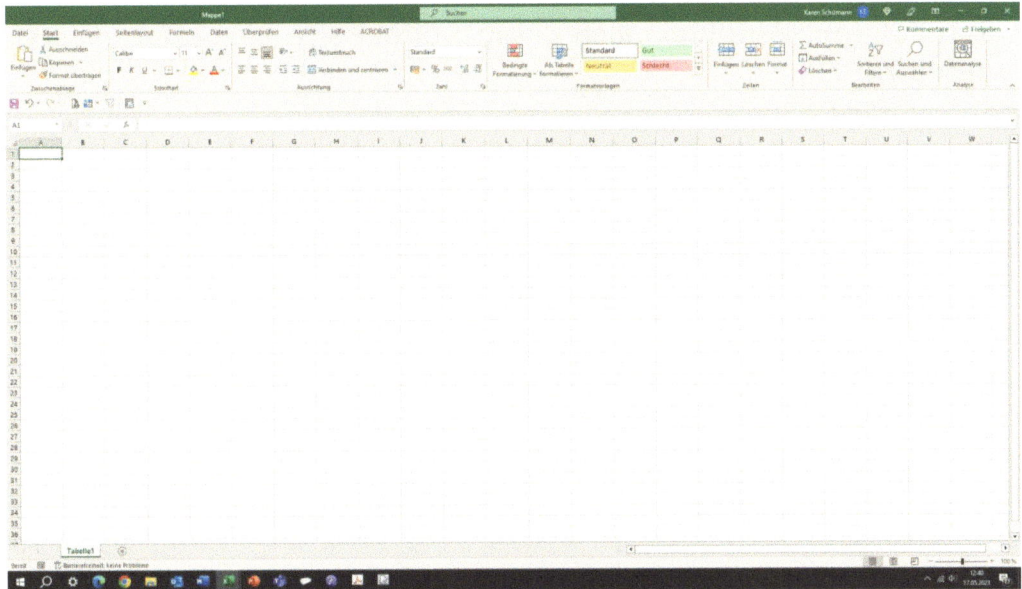

Unter der grünen **Titelleiste** befinden sich die **Register** DATEI, START, EINFÜGEN, SEITENLAYOUT, FORMELN, DATEN, ÜBERPRÜFEN, ANSICHT und HILFE.

Jedes Register verfügt über ein **Menüband** mit den wichtigsten EXCEL-Befehlen, den **Schaltflächen**. Das Menüband ist unterteilt in **Gruppen** (zu sehen an den senkrechten Strichen). Zwischen zwei Strichen steht unten mittig der Name der jeweiligen Gruppe.

Einige Gruppen haben unten rechts einen kleinen Pfeil. Klicken Sie darauf, wenn Sie weitere Befehle zu dem jeweiligen Thema auswählen möchten.

Achtung: Manche Schaltflächen bestehen aus **zwei Teilen** - zu erkennen an dem Pfeil nach unten direkt daneben.

Beispiel: Die Schaltfläche SCHRIFTFARBE (Register START, Gruppe SCHRIFTART) ist so eine Schaltfläche. Klicken Sie auf den linken Teil, wird der Inhalt der aktuell markierten Zelle mit der Schriftfarbe formatiert, die aktuell angezeigt ist. Klicken Sie dagegen auf den rechten Teil (mit dem Pfeil nach unten), öffnet sich eine Liste mit weiteren Farben.

Allgemeines zu Datumsangaben in EXCEL

Datumswerte sehen nur so aus, als seien sie ein Datum bzw. eine Uhrzeit. Für EXCEL jedoch sind es fortlaufende serielle Zahlen, die lediglich als Datum bzw. Uhrzeit formatiert sind.

Erklärung: Ein Format ist eine optische Aufbereitung einer Zahl, d.h. der Inhalt (mit dem EXCEL rechnet) ist und bleibt eine serielle Zahl, egal, welches Format Sie uswählen. Das wohl bekannteste, am häufigsten genutzte Format ist „Fett" (Register START, Gruppe SCHRIFTART).

Hintergrund

Die Zeitberechnung in EXCEL beginnt am 1. Januar 1900. Datumsangaben vor dem 01.01.1900 werden als Text behandelt.

01.01.1900	entspricht der Zahl	1
02.01.1900	entspricht der Zahl	2
03.01.1900	entspricht der Zahl	3
...		
03.10.1989	entspricht der Zahl	32.784
...		
31.12.2022	entspricht der Zahl	44.926
...		
30.09.2023	entspricht der Zahl	45.199

Aus diesem Grund werden die Datumswerte in EXCEL auch korrekt sortiert.

EXCEL wandelt dabei die zweistelligen Jahreszahlen 00 bis 29 in die Jahre 2000 bis 2029 und 30 bis 99 in die Jahre 1930 bis 1999 um.

Wenn Sie also wissen möchten, wie viele Tage seit diesem Ausgangsdatum vergangen sind, brauchen Sie nur in beiden Zellen A1 und B1 das gleiche Datum einzugeben. Für Zelle B1 wählen Sie allerdings das Zahlenformat STANDARD (Register START, Gruppe ZAHL, Listenfeld ZAHLENFORMAT).

	A	B
1	30.09.2023	45199

Ergebnis:

Seit dem 1. Januar 1900 sind 45.199 Tage vergangen.

DATUM UND UHRZEIT EINGEBEN

Die Datums- und Uhrzeitangaben sollten in gebräuchlicher Schreibweise mit einem Punkt bzw. einem Doppelpunkt eingegeben werden.

Wer Zahlen allerdings lieber über den Nummernblock rechts auf der Tastatur eingibt, wird feststellen, dass dort kein Punkt vorhanden ist.

Lösung (um den Nummernblock trotzdem nutzen zu können):

Statt des Punktes wählen Sie das Minuszeichen (-) oder das Geteilt durch-Zeichen (/) auf dem Nummernblock. → EXCEL interpretiert die Eingabe als Datum und formatiert den Inhalt entsprechend.

Probieren Sie es einfach einmal aus und geben in eine beliebige Zelle die Zahlenfolge 2-1-23 über den Nummernblock ein. → Nach Betätigen der ENTER-Taste steht 02.01.2023 in der Zelle.

Hinweis: Kombinierte Datums- und Uhrzeiteingaben müssen durch ein Leerzeichen getrennt eingegeben werden.

Schnell aktuelles Datum/aktuelle Uhrzeit eingeben

Mithilfe zweier Tastenkombinationen können Sie schnell das aktuelle Datum bzw. die aktuelle Uhrzeit eingeben:

Aktuelles Datum: STRG + Punkt

Aktuelle Uhrzeit: STRG + UMSCHALTEN + Punkt

Wichtig: Ihre Eingaben bestätigen Sie in EXCEL bitte immer mit der ENTER-Taste.

Hinweis: Über diese Vorgehensweise werden das Datum und die Uhrzeit als Konstante (im Sinne des Erstelldatums) eingegeben und so **nicht** automatisch aktualisiert.

Möchten Sie, dass das aktuelle Tagesdatum immer wieder neu berechnet wird, wählen Sie dafür die Funktionen =Heute() für das Datum bzw. =Jetzt() für Datum und Uhrzeit. Diese Funktionen benötigen keine weiteren Argumente und liefern das aktuelle Datum (Systemdatum).

	A	B
1	17.05.2023	17.05.2023 13:05

entspricht

	A	B
1	=HEUTE()	=JETZT()

Beide Datumswerte werden beim Öffnen von Excel automatisch aktualisiert.

Haben Sie ein Datum mit Uhrzeit in eine Zelle eingefügt und möchten die Uhrzeit in der aktuell geöffneten Arbeitsmappe aktualisieren, gibt es zwei Möglichkeiten:

Entweder: Register Formeln, Gruppe Berechnung, Schaltfläche Neu berechnen.

Oder: Sie drücken die Funktionstaste [F9].

Datums- und Uhrzeitformate zuweisen

Excel verfügt über zahlreiche Formate zur individuellen Gestaltung von Datums- und Zeitangaben.

Zu finden sind sie im Dialogfenster ZELLEN FORMATIEREN (Register START, Gruppe ZAHL, unten rechts über das kleine Kästchen mit dem Pfeil aufzurufen). Wechseln Sie ins Register ZAHLEN (sofern es nicht schon eingeblendet ist), Kategorie DATUM:

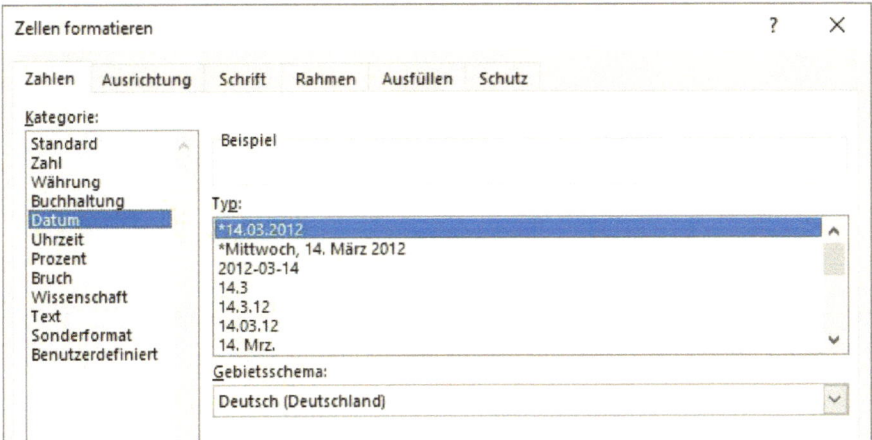

Tipp: Schneller können Sie dieses Menü über die Tastenkombination STRG + (die Zahl) 1 aufrufen.

Die Formate, die im Bereich TYP mit einem Sternchen versehen sind, richten sich in ihrer Darstellung nach den in Ihren WINDOWS-Systemeinstellungen festgelegten Regions- und Sprachoptionen.

Zuweisen lassen sich diese Formate schnell(er) über das Listenfeld ZAHLENFORMAT (Register START, Gruppe ZAHL):

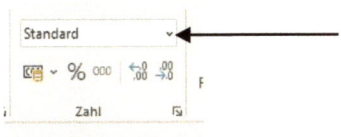

Ein Klick auf das Dreieck öffnet
die Liste mit vordefinierten Formaten.

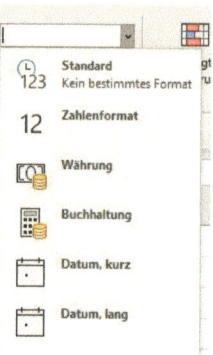

ZWEI NÜTZLICHE BENUTZERDEFINIERTE DATUMSFORMATE

Das Alter (in Jahren)

Sie möchten Ihr Alter in Jahren berechnen. Dazu müssen Sie von dem aktuellen Tagesdatum (in Zelle B2) das jeweilige Geburtsdatum (in Zelle A2) subtrahieren.

	A	B	C
1	Geburtsdatum	Tagesdatum	Alter
2	05.05.1989	17.05.2023	11.01.1934

Zelle C2 → Die Formel lautet: =B2-A2

EXCEL gibt bei der Subtraktion einer als Datum formatierten Zahl von einer anderen als Datum formatierten Zahl ebenfalls eine als Datum formatierte Zahl als Ergebnis aus.

Um das Ergebnis in Jahren anzuzeigen, verwenden Sie dafür ein benutzerdefiniertes Format:

- Setzen Sie den Cursor in die Zelle C2.
- Rufen Sie das Dialogfenster ZELLEN FORMATIEREN über die Tastenkombination STRG + (die Zahl) 1 auf.
- Wechseln Sie im Register ZAHLEN in die Kategorie BENUTZERDEFINIERT.
- Im Eingabefeld TYP geben Sie „jj" (**ohne** Anführungszeichen) ein, das Format für die Anzahl in Jahren.

Darüber im Bereich BEISPIEL können Sie sofort sehen, welche (zweistellige) Zahl das für die aktuell markierte Zelle ausgegeben wird.

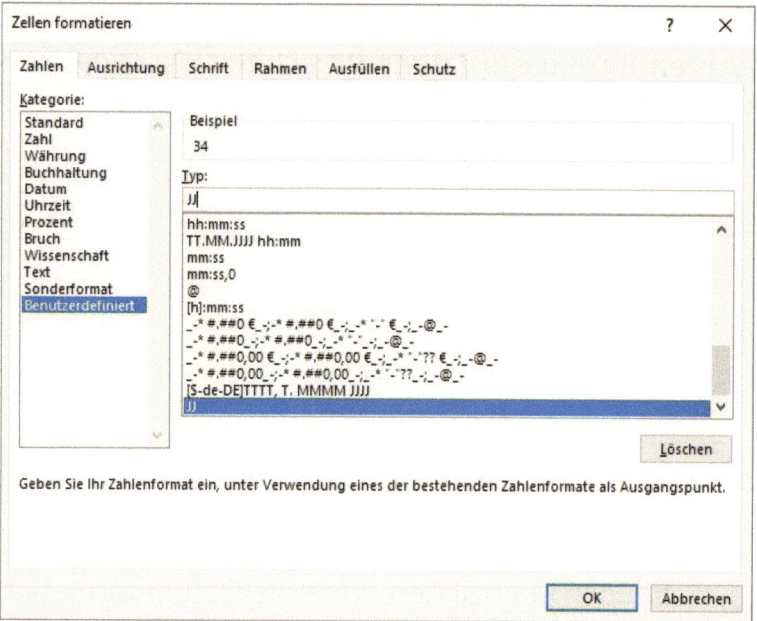

- Bestätigen Sie jetzt nur noch Ihre Eingabe über die Schaltfläche OK, und das Alter in Zelle C2 wird jetzt als zweistellige Zahl dargestellt.

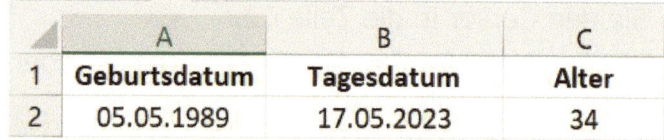

Hinweis: Sie müssen dieses benutzerdefinierte Format nicht jedes Mal neu eingeben. EXCEL hat es sich gemerkt und am Ende der Liste der Kategorie BENUTZERDEFINIERT eingetragen.

Ein Datum als Wochentag ausschreiben

Ein zweites benutzerdefiniertes Format, das Sie kennen sollten, ist die **Darstellung eines Datums als Wochentag**.

Sie möchten in einer Zelle ein Datum eingeben, und EXCEL soll in der benachbarten Zelle den dazugehörigen Wochentag ausgeben.

Geben Sie dazu in Zelle A1 das gewünschte Datum ein:

	A	B
1	24.12.2023	24.12.2023

Zelle B1 → Die Formel lautet: =A1

- Setzen Sie jetzt den Cursor in die Zelle B1.
- Rufen Sie das Dialogfenster ZELLEN FORMATIEREN auf und wechseln im Register ZAHLEN in die Kategorie BENUTZERDEFINIERT.
- Im Eingabefeld TYP geben Sie 4 x ein T, also „TTTT", (**ohne** Anführungszeichen) ein, das Format für den Wochentag.
  Im Bereich BEISPIEL können Sie wieder eine Vorschau auf das Ergebnis sehen.
- Bestätigen Sie Ihre Eingabe über die Schaltfläche OK.

Danach sieht das Ergebnis so aus:

	A	B
1	24.12.2023	Sonntag

Hinweis: Geben Sie als benutzerdefiniertes Format lediglich 3 x T, also „TTT" (**ohne** Anführungszeichen), ein, wird der Wochentag in Kurzform (Mo, Di, Mi usw.) ausgegeben.

Besonderheiten der Stunden-Berechnung

Sie teilen in Ihrer Firma die Aushilfskräfte ein und führen darüber täglich eine Stundenaufstellung. Dazu geben Sie den Einsatzbeginn und das Einsatzende genauso wie die Pausenzeiten manuell in Ihre Tabelle (in die Spalten B, C, D und E) ein.

Die tägliche Gesamtarbeitszeit einer jeden Aushilfe soll von EXCEL in Spalte F berechnet werden.

	A	B	C	D	E	F	G	H
1			Tagesplan Aushilfskräfte					
2	Mitarbeiter	Einsatzbeginn	Einsatzende	Pause		geleistete Stunden		
3				Beginn	Ende			
4	Müller	06:00	14:30	11:30	12:15			
5	Meier	08:00	17:30	12:30	13:45			
6	Schulze	08:00	16:30	13:00	13:30			
7	Otto	12:00	19:00	14:00	15:15			
8	Hermann	06:00	15:00	12:00	12:30			
9	Kenz	12:00	18:30	15:00	16:00			
10	Marbert	16:00	22:30	19:00	20:00			
11	Stolze	16:00	23:00	19:30	20:45			
12							Gesamt-Stundenzahl	

Die Formel zum Berechnen der geleisteten Stunden eines jedes Mitarbeiters in Spalte F lautet:

> Zelle F4   →   =(C4-B4)-(E4-D4)

Diese Formel kopieren Sie bis zur Zelle F11.

Wenn Sie am Ende eines Arbeitstages in Zelle F12 mithilfe der Funktion SUMME alle geleisteten Stunden addieren wollen, werden Sie feststellen, dass EXCEL ein vermeintlich falsches Ergebnis liefert. Das passiert bei Zeitangaben immer, wenn das Ergebnis **größer als 24 Stunden** ist.

Erklärung: Standardmäßig beginnt EXCEL die Stundenanzeige nach 24 Stunden wieder bei Null.

	A	B	C	D	E	F	G	H
1			Tagesplan Aushilfskräfte					
2				Pause		geleistete		
3	Mitarbeiter	Einsatzbeginn	Einsatzende	Beginn	Ende	Stunden		
4	Müller	06:00	14:30	11:30	12:15	7:45		
5	Meier	08:00	17:30	12:30	13:45	8:15		
6	Schulze	08:00	16:30	13:00	13:30	8:00		
7	Otto	12:00	19:00	14:00	15:15	5:45		
8	Hermann	06:00	15:00	12:00	12:30	8:30		
9	Kenz	12:00	18:30	15:00	16:00	5:30		
10	Marbert	16:00	22:30	19:00	20:00	5:30		
11	Stolze	16:00	23:00	19:30	20:45	5:45		
12						7:00	Gesamt-Stundenzahl	

Die Lösung: Ein benutzerdefiniertes Zahlenformat:

- Setzen Sie jetzt den Cursor in die Zelle F12.
- Rufen Sie das Dialogfenster ZELLEN FORMATIEREN auf und wechseln im Register ZAHLEN in die Kategorie BENUTZERDEFINIERT.
- Wählen Sie im Bereich TYP das Format **[h]:mm:ss** aus und löschen im Eingabefeld den Doppelpunkt und die beiden „s" (es reicht die Angabe in Stunden und Minuten).

Tipp: Alternativ ginge auch das Format **37:30:55** aus der Kategorie UHRZEIT.

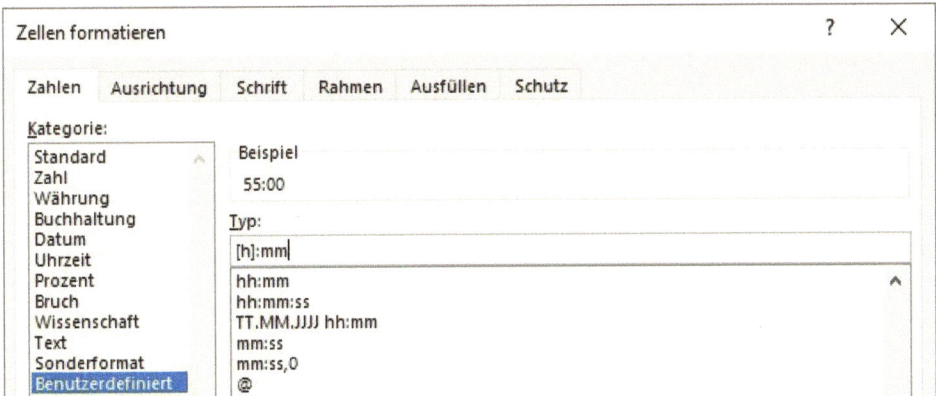

- Bestätigen Sie Ihre Eingabe über die Schaltfläche OK und erhalten das (jetzt korrekte) Ergebnis.

Das Endergebnis sieht dann so aus:

	A	B	C	D	E	F	G
1			Tagesplan Aushilfskräfte				
2	Mitarbeiter	Einsatzbeginn	Einsatzende	Pause		geleistete Stunden	
3				Beginn	Ende		
4	Müller	06:00	14:30	11:30	12:15	7:45	
5	Meier	08:00	17:30	12:30	13:45	8:15	
6	Schulze	08:00	16:30	13:00	13:30	8:00	
7	Otto	12:00	19:00	14:00	15:15	5:45	
8	Hermann	06:00	15:00	12:00	12:30	8:30	
9	Kenz	12:00	18:30	15:00	16:00	5:30	
10	Marbert	16:00	22:30	19:00	20:00	5:30	
11	Stolze	16:00	23:00	19:30	20:45	5:45	
12						55:00	Gesamt-Stundenzahl

ÜBUNGEN ZUM WIEDERHOLEN

Welches Datum in (z.B.) 3 Wochen?

Ausgehend vom aktuellen Tagesdatum wollen Sie **in genau 3 Wochen** z.B. **einen Termin vereinbaren**:

	A	B
1	Heute	Erinnerung in 3 Wochen
2	17.05.2023	

Die Lösung:

Zelle A2 → Die Formel lautet: =HEUTE()

Zelle B2 → Die Formel lautet: =A2+21

（21 für 3 Wochen á 7 Tage)

	A	B
1	Heute	Erinnerung in 3 Wochen
2	17.05.2023	07.06.2023

Wann endet ein Termin,

der um 12.30 Uhr beginnt und für den eine Dauer von 3,5 Stunden angesetzt wurde?

	A	B
1	Beginn	12:30
2	Dauer	03:30
3	Ende	

Die Lösung:

Zelle B3 → Die Formel lautet: =B1+B2

	A	B
1	Beginn	12:30
2	Dauer	03:30
3	Ende	16:00

Wie viele Tage liegen zwischen zwei Datumsangaben?

	A	B
1	19.05.2021	149
2	15.10.2021	

Die Lösung: Zelle B1 → Die Formel lautet: =A2-A1

Erklärung: Immer das jüngere vom älteren Datum subtrahieren.

Weitere Datumsberechnungen

Eine Bücherei hat eine Tabelle als Rechnungsvorlage angelegt, die sie den Kunden stellt, die ihre Bücher zu spät zurückgegeben haben und dafür eine Überziehungsgebühr bezahlen müssen.

Die fertige Tabelle sieht so aus:

	A	B	C	D	E	F
1			Leihbücherei "Beste Bücher für alle"			
2	Hamburg, den	15.11.2020			Geliehenes Buch:	"Unsere Erde"
3						
4				Geliehen am:	14.09.2020	vor 62 Tagen
5						
6	kostenloses Ausleihen: 4 Wochen					
7	➡		Ab wann gebührenpflichtig?		12.10.2020	
8						
9				Rückstand in Wochen:	5,00	4,86
10						
11	(Überziehungs-)Gebühren pro Woche:				12,50 €	
12						
13				Überziehungsgebühr:	62,50 €	60,71 €

Die Lösungen:

Zelle B2 → Die Formel lautet: =HEUTE()
(für das stets aktuelle Tagesdatum)

Zelle E4 → Die Formel lautet: =B2-62
(ausgehend von heute minus 62 Tagen)

Zelle E7 → Die Formel lautet: =E4+28
(ausgehend vom Ausleihdatum plus 4 x 7 Tage)

Rückstand in Wochen (Zelle F9):

Zum Vergleich habe ich hier zwei Berechnungsmöglichkeiten in den Spalten E und F gegenübergestellt. Die Anzahl in Wochen soll als ganze Zahl ausgegeben werden.

Zelle F9 → Die Formel lautet: =(B2-E7)/7

Das rein rechnerische Ergebnis lautet 4,86. Um die Angabe in ganzen Zahlen zu erhalten, wird meistens das Zahlenformat geändert (z.B. über die Schaltfläche DEZIMALSTELLE ENTFERNEN im Register START, Gruppe ZAHL) auf *0 Dezimalstellen*.

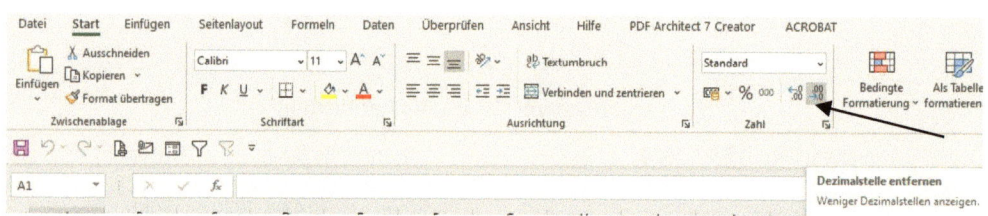

Das bringt nur **optisch** das richtige Ergebnis, die Zahl sieht lediglich aus wie aufgerundet. EXCEL rechnet weiterhin mit 4,86.

Warum ist das so? Ein (Zahlen-)Format ist lediglich eine **optische Veränderung** des Zellinhaltes, die Zahlen aber, mit denen EXCEL rechnet, bleiben gleich.

Berechnen Sie abschließend die Überziehungsgebühr, bekämen Sie auch weiterhin ein „krummes" Ergebnis, nämlich 60,71 € (siehe Zelle F13).

Die Lösung:

Sie setzen die Funktion RUNDEN ein. Damit wird kaufmännisch (bis zur 4) ab- bzw. (ab der 5) aufgerundet, auf eine von Ihnen festgelegte Anzahl von Stellen hinter dem Komma.

Zelle E9 → Die Formel lautet: =RUNDEN((B2-E7)/7;0)

```
Funktionsargumente                                           ?    ×
 RUNDEN
              Zahl  (B2-E7)/7                    ↑   = 4,857142857
      Anzahl_Stellen  0                          ↑   = 0

                                                     = 5
 Rundet eine Zahl auf eine bestimmte Anzahl an Dezimalstellen.

             Anzahl_Stellen  gibt an, auf wie viele Dezimalstellen Sie die Zahl auf- oder abrunden
                             möchten. Negative Werte runden auf ganze Zehnerpotenzen:
                             RUNDEN(225;-2) ergibt 200. 0 rundet auf die nächste Ganzzahl.

 Formelergebnis =  5,00

 Hilfe für diese Funktion                              OK        Abbrechen
```

Erklärung:

Die Berechnung der Überziehungsgebühr selbst bleibt gleich (in der Eingabezeile ZAHL: (B2-E7)/7), aber durch die Eingabe der Null in der Eingabezeile ANZAHL_STELLEN wird das Ergebnis in ganzen Zahlen ausgegeben.

Selbst wenn Sie jetzt über das Zahlenformat mehrere Dezimalstellen hinter dem Komma hinzufügen würden, bliebe das Ergebnis (wie in Zelle E13) eine ganze Zahl.

Verwandte Funktion:

Um die Anzahl von Tagen zu ermitteln, können Sie auch die **Funktion Tage** verwenden. Sie liefert die Anzahl von Tagen, die zwischen zwei Datumsangaben liegen.

Sie wird durch *Zieldatum - Ausgangsdatum* berechnet. Hierfür muss als *Zieldatum* das jüngere Datum und als *Ausgangsdatum* das ältere Datum angegeben werden.

Hier ein Beispiel:

	A	B
1	Ausleihdatum	30.07.2023
2	Rückgabedatum	16.08.2023
3	Anzahl der Tage	

Die Formel in Zelle B3 lautet: =Tage(B2;B1)

Über den Funktionskasten eingegeben, sieht sie so aus:

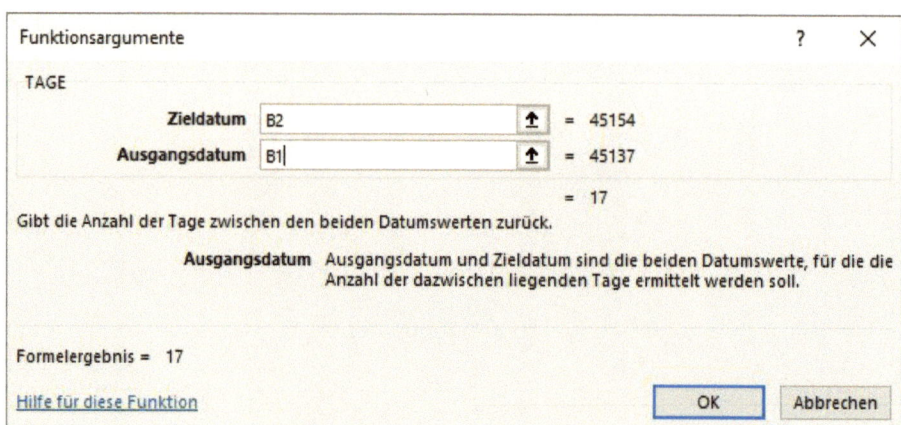

Das Ergebnis:

	A	B
1	Ausleihdatum	30.07.2023
2	Rückgabedatum	16.08.2023
3	Anzahl der Tage	17

EINZELNE KOMPONENTE (TEILWERTE) ERMITTELN

Manchmal ist es notwendig, nur bestimmte Komponenten aus einem Datumswert herauszulesen, beispielsweise wenn Sie in einer Tabelle, unabhängig vom Jahr, nach Monat sortieren oder filtern wollen. Damit können möglicherweise weitere Berechnungen besser ausgeführt werden.

Am häufigsten kommen dabei die Funktionen TAG(DATUM), MONAT(DATUM) und JAHR(DATUM) zum Einsatz:

	A	B	C
1	Freitag, 31. Dezember 2021		
2			Funktionen:
3		31	=Tag(A1)
4		12	=Monat(A1)
5		2021	=Jahr(A1)
6			

Die Funktion TAG(DATUM)

In Zelle A3 ist die Formel =TAG(A1) eingegeben.

Sie liefert aus einem Datum den entsprechenden Tag als Zahl.

Die Funktion MONAT(DATUM)

In Zelle A4 ist die Formel =MONAT(A1) eingegeben.

Sie liefert aus dem Datum den entsprechenden Monat als Zahl.

Die Funktion JAHR(DATUM)

In Zelle A5 ist die Formel =JAHR(A1) eingegeben.

Sie ermittelt aus einem Datum die Jahreszahl.

Andersherum: Aus Zahlen ein Datum erzeugen

Umgekehrt geht es auch: Mithilfe der Funktion

    =DATUM(JAHR;MONAT;TAG)

können Sie aus mehreren Zahlen ein Datum zusammensetzen:

	A	B	C	D
1	Tag:	12	15	21
2	Monat:	2	4	4
3	Jahr:	2021	2021	2021
4	**Datum:**	12.02.2021	15.04.2021	21.04.2021
5				
6		=Datum(B3;B2;B1)	=Datum(C3;C2;C1)	=Datum(D3;D2;D1)

ARBEITSTAGE BERECHNEN

Allgemeines

Wie Sie die Differenz in Tagen zwischen zwei Datumsangaben berechnen, haben Sie bereits kennengelernt. Häufig sollen bei dieser Art der Berechnung aber ausschließlich die **Arbeitstage**, also keine Wochenenden (Samstage und Sonntage), beispielsweise bei der Berechnung einer Projektdauer oder von Urlaubstagen, berücksichtigt werden. Optional können auch Feiertage (und betriebsinterne Brückentage) aus der Berechnung ausgeschlossen werden.

Dazu brauchen Sie keinen Kalender zur Hand zu nehmen, sondern in EXCEL stehen Ihnen gleich zwei Funktionen zur Verfügung: Die Funktionen **NETTOARBEITSTAGE** und **ARBEITSTAG**.

EXCEL kennt allerdings die länderspezifischen Feiertage nicht. Bevor Sie mit der Berechnung starten, sollten Sie in Ihrer Arbeitsmappe, am besten auf einem separaten Tabellenblatt, eine Liste mit den Feiertagen (und möglichen betriebsinternen Brückentagen) anlegen – siehe nächste Seite.

Hinweis: Achten Sie bitte darauf, dass Datum, Name und Wochentag des jeweiligen Feiertags in separaten Zellen/Spalten stehen. Für die beiden Funktionen werden nur die Datumsangaben benötigt bzw. berücksichtigt. Daher ist die Auflistung in unterschiedlichen Spalten sinnvoll.

	A	B	C
1	**Feiertage 2023/2024**		
2	01.01.2023	Sonntag	Neujahr
3	07.04.2023	Freitag	Karfreitag
4	10.04.2023	Montag	Ostermontag
5	01.05.2023	Montag	Maifeiertag
6	18.05.2023	Donnerstag	Christi Himmelfahrt
7	29.05.2023	Montag	Pfingstmontag
8	03.10.2023	Dienstag	Tag der dt. Einheit
9	31.10.2023	Dienstag	Reformationstag
10	24.12.2023	Sonntag	Heiligabend
11	25.12.2023	Montag	1. Weihnachtstag
12	26.12.2023	Dienstag	2. Weihnachtstag
13	31.12.2023	Sonntag	Silvester
14	01.01.2024	Montag	Neujahr
15	29.03.2024	Freitag	Karfreitag
16	01.04.2024	Montag	Ostermontag
17	01.05.2024	Mittwoch	Maifeiertag
18	09.05.2024	Donnerstag	Christi Himmelfahrt
19	20.05.2024	Montag	Pfingstmontag
20	03.10.2024	Donnerstag	Tag der dt. Einheit
21	31.10.2024	Donnerstag	Reformationstag
22	24.12.2024	Dienstag	Heiligabend
23	25.12.2024	Mittwoch	1. Weihnachtstag
24	26.12.2024	Donnerstag	2. Weihnachtstag
25	31.12.2024	Dienstag	Silvester

Die Funktion NETTOARBEITSTAGE

In unserem Beispiel arbeiten verschiedene Abteilungen an dem Projekt „Neustrukturierung" mit. Sie wollen wissen, wie viele Arbeitstage (ohne Wochenenden oder Feiertage in dem Zeitraum) dafür von jeder Abteilung aufzubringen sind.

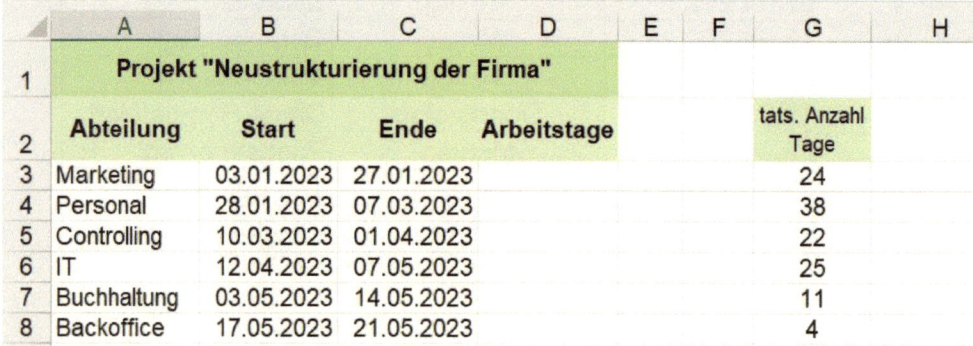

- Setzen Sie den Cursor in Zelle D2 und rufen die Funktion **NETTOARBEITSTAGE** auf.
- Geben Sie dann diese Formel ein:

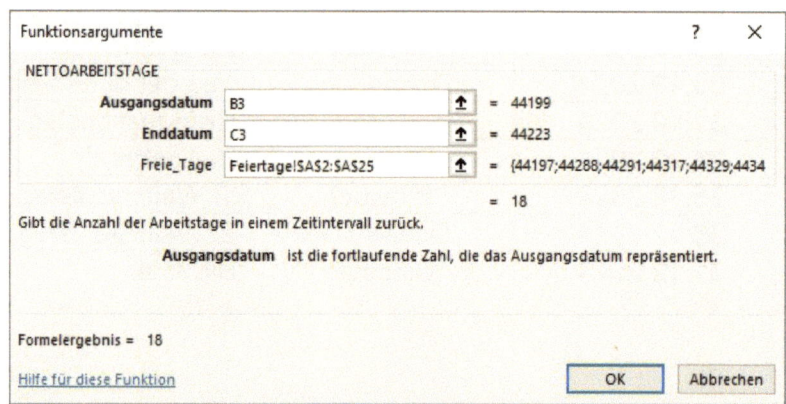

- Bestätigen Sie dann Ihre Eingaben mit OK.

Diese Funktion berechnet die Differenz zwischen einem Ausgangs- und einem Enddatum und gibt das Ergebnis in Tagen aus.

Eingabezeile AUSGANGSDATUM:

Abteilung *Marketing* startet am 03.01.2023 (hier: Zelle B2)

Eingabezeile ENDDATUM:

Der Einsatz endet am 27. 1.2023 (hier: Zelle C2)

Eingabezeile FREIE_TAGE:

aus dem Tabellenblatt *Feiertage* der Zellbereich **$A$2:$A$25**.

Hinweis: Der Zellbereich ist mit Dollarzeichen (**$A$2:$A$25**) versehen, weil er als **absoluter Bezug** definiert werden muss. Am einfachsten geht das während der Eingabe mit Hilfe der Funktionstaste [F4].

Ein absoluter Bezug entspricht einer Konstanten in der Gleichung. Damit wird sichergestellt, dass der gleiche Zellbereich auch für die anderen Abteilungen Gültigkeit hat, sobald Sie Formel nach unten kopieren. Die Adressen bleiben gleich, egal wohin Sie die Formel kopieren.

Anschließend kann die Formel nach unten kopiert werden.

Das Ergebnis: Für alle anderen Berechnungen werden immer die gleichen Feiertage der (separaten) Feiertagsliste (nämlich der Bereich A2:A25) berücksichtigt.

Kopieren Sie jetzt die Formel bis zur letzten Abteilung *Backoffice* in Zelle D8.

	A	B	C	D	E	F	G
1	Projekt "Neustrukturierung der Firma"						
2	Abteilung	Start	Ende	Arbeitstage			tats. Anzahl Tage
3	Marketing	03.01.2023	27.01.2023	19			24
4	Personal	28.01.2023	07.03.2023	27			38
5	Controlling	10.03.2023	01.04.2023	16			22
6	IT	12.04.2023	07.05.2023	17			25
7	Buchhaltung	03.05.2023	14.05.2023	8			11
8	Backoffice	17.05.2023	21.05.2023	3			4

Vergleiche hierzu die Spalte G:

Hier wurde zum Vergleich die Differenz an Kalendertagen (mit Hilfe der Formel =C-B) berechnet.

Das bedeutet am Beispiel der Abteilung „*Marketing*", dass sie rein rechnerisch 24 Kalendertage Zeit hätte. Da aber weder an einem Samstag noch an einem Sonntag gearbeitet wird, stehen ihr lediglich 18 Arbeitstage für die Erledigung der Aufgaben zur Verfügung.

Besonderheit: 6-Tage-Woche

Gilt eine 6-Tage-Woche, soll der Samstag als Arbeitstag mitgezählt werden, nutzen Sie die Funktion NETTOARBEITSTAGE.INTL, die über einen weiteren Parameter, mit dem die Wochenendtage definiert werden können, verfügt.

	A	B	C	D	E
1		**Arbeitstage**			
2	Projektanfang	01.03.2021	Montag		
3	Projektende	15.04.2021	Donnerstag		
4					
5	Kalendertage	45			
6	Arbeitstage	34	(5-Tage-Woche)		
7	Arbeitstage	40	(6-Tage-Woche; Samstag ist ein Arbeitstag)		

Lösung – alle drei Varianten:

Zelle B5 → Die Formel lautet: =B3-B2

(Zeitraum in **Kalendertagen**)

Zelle B6 Die Arbeitstage einer **5-Tage-Woche** werden mit der Funktion NETTOARBEITSTAGE berechnet:

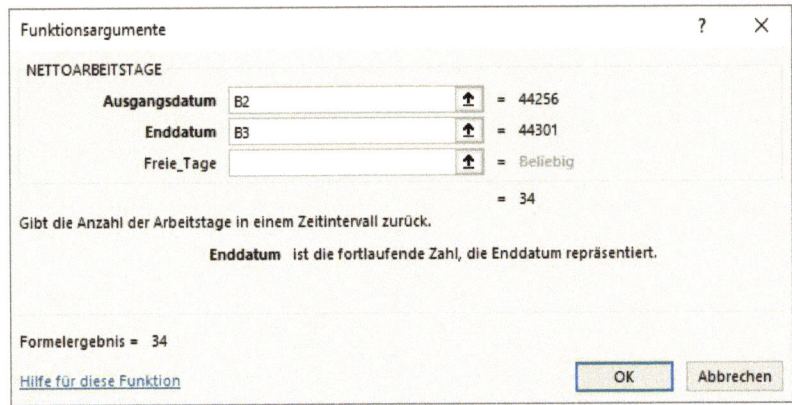

Zelle B7   Ist auch der Samstag ein Arbeitstag, hilft die Funktion NETTOARBEITSTAGE.INTL. ein:

```
Funktionsargumente                                              ?    ×
NETTOARBEITSTAGE.INTL
           Ausgangsdatum    B2                    ↑   =  44256
               Enddatum     B3                    ↑   =  44301
              Wochenende    11                    ↑   =  11
              Freie_Tage                          ↑   =  Beliebig
                                                      =  40
Gibt die Anzahl der vollständigen Arbeitstage zwischen zwei Daten mit benutzerdefinierten
Wochenendparametern zurück.
                    Wochenende  ist eine Zahl oder eine Zeichenfolge, die den Fall von Wochenenden
                                angibt.

Formelergebnis =  40
Hilfe für diese Funktion                              OK       Abbrechen
```

Erklärung: Wenn Sie in die Eingabezeile WOCHENENDE eine **11** eingeben, steht das für Sonntag als einziger Wochenendtag.

Die Funktion ARBEITSTAG

Eine andere Form der Arbeitstage-Berechnung bietet die Funktion **ARBEITSTAG**: Sie liefert ein Datum vor oder nach einer bestimmten Anzahl an Arbeitstagen. Es liegen ein Anfangsdatum und eine feste Anzahl an Arbeitstagen vor, aber (noch) kein Enddatum.

In unserem Beispiel gehen wir bei dem Projekt zur Neustrukturierung der Firma davon aus, dass es für jede Abteilung bereits ein Startdatum für die Strukturierungsmaßnahmen gibt.

Anders als bei der vorherigen Aufgabe, gibt es hier allerdings kein Enddatum, wann die Arbeit (rechnerisch) fertig sein soll, sondern pro Abteilung ist eine bestimmte Anzahl an Arbeitstagen vorgegeben.

EXCEL soll berechnen, wann die jeweilige Abteilung ihre Arbeit beendet haben muss, ausgehend von den vorgegebenen Arbeitstagen.

	A	B	C	D
1	Projekt "Neustrukturierung der Firma"			
2	Abteilung	Start	Arbeitstage	Ende
3	Marketing	03.01.2023	10	
4	Personal	22.01.2023	15	
5	Controlling	25.02.2023	15	
6	IT	15.03.2023	28	
7	Buchhaltung	15.04.2023	10	
8	Backoffice	20.04.2023	8	

- Setzen Sie den Cursor in Zelle D3 und rufen die Funktion ARBEITSTAG auf.
- Geben Sie dann diese Formel ein:

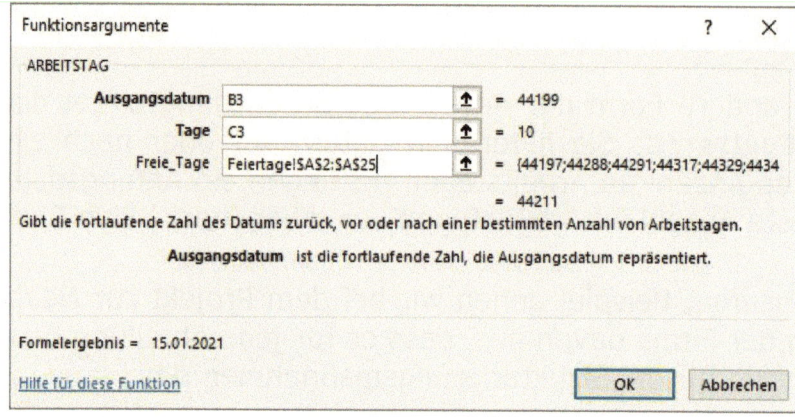

- Bestätigen Sie Ihre Eingaben mit OK.

Diese Funktion ermittelt, welches Datum nach einer bestimmten Anzahl von Arbeitstagen erreicht wurde.

Eingabezeile AUSGANGSDATUM:

Startdatum (hier: Zelle B3)

Eingabezeile TAGE:

Anzahl der vorgegebenen Arbeitstage (hier: Zelle C3)

Eingabezeile FREIE_TAGE:

Die Feiertage der Feiertagsliste (der Bereich **$A$2:$A$25**).

Hinweis: Wie schon bei der Funktion NETTOARBEITSTAGE sollten Sie auch hier die Feiertage mithilfe der Funktionstaste [F4] als absolute Bezüge definieren.

Abschließend kopieren Sie die Formel bis zur letzten Abteilung in Zelle D8.

Wichtiger Hinweis: EXCEL bezieht das Startdatum **nicht** als Arbeitstag mit ein. Das heißt: Ist das Startdatum der 1. April und der 2. April das Enddatum, würde EXCEL **einen Arbeitstag** herausgeben, und nicht zwei.

FUNKTION TAGE360: ZINSTAGE BERECHNEN

Im kaufmännischen Bereich, beispielsweise bei Zinsberechnungen für Darlehen oder andere Geldanlagen (Festgelder etc.), geht man in Deutschland davon aus, dass ein Jahr aus 360 Tagen (verteilt auf 12 Monate á 30 Tage) besteht.

Wenn Sie also aufgrund dieser Voraussetzungen die korrekte Differenz zwischen zwei Datumsangaben berechnen möchten, setzen Sie die Funktion TAGE360 ein.

Die Syntax dieser Funktion sieht so aus:

=TAGE360(*Ausgangsdatum*;*Enddatum*;*Methode*)

Erklärung:

AUSGANGSDATUM	Das ältere Datum, also Anlagebeginn
ENDDATUM	Das jüngere Datum, also Anlageende
METHODE	Wird hier nichts oder das Wort *Falsch* eingegeben, wird die **US-amerikanische Methode** angewendet: Liegt das Enddatum an einem 31. eines Monats, wechselt diese Methode zum 1. des Folgemonats.
	Fällt das Anlageende auf einen 31. und der Anlagebeginn vor den 30. eines Monats, wird das Anlageende zum 1. des Folgemonats, anderenfalls wandelt EXCEL das Anlageende in den 30. desselben Monats um.
	Geben Sie in diese Eingabezeile das Wort *Wahr* ein, wendet EXCEL die **europäische Methode** an: Wenn Anlagebeginn und/oder Anlageende auf einen 31. eines Monats fallen, werden diese in den 30. desselben Monats umgewandelt.

Schauen wir uns dazu ein praktisches Beispiel an:

	A	B
1	20.000,00 €	Anlagesumme
2	0,25%	Zinssatz (Zinsen pro Jahr)
3		
4	20.02.2021	Anlagebeginn
5	21.08.2021	Anlageende
6		
7		Zinsen pro Tag
8		
9		Wie viele verzinsende Tage?
10		
11		Ertrag (Zinsen) gesamt
12		
13		Auszahlung am 21.08.2021

Lösung:

Zelle A7   Die Formel lautet: =A1*A2/360

(Anlagesumme mal Zinssatz geteilt durch 360)

Zelle A9   Die Formel mithilfe der Funktion TAGE360 lautet:

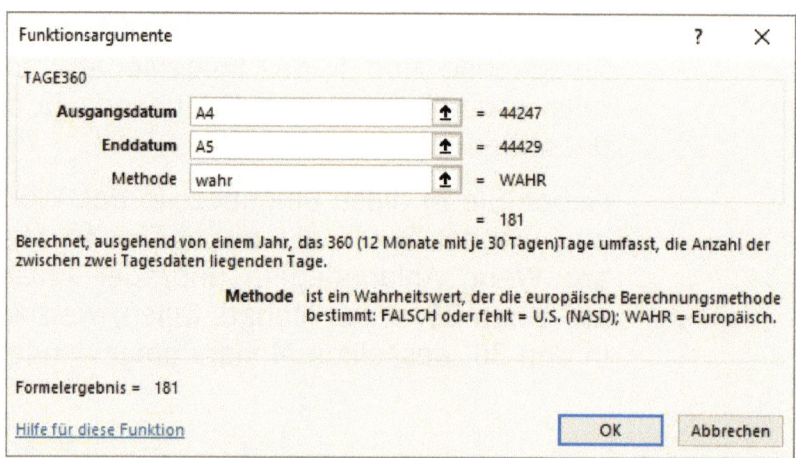

42

Zelle A11　Die Formel lautet: =A7*A9
　　　　　(Zinsen pro Tag mal Anzahl verzinsender Tage)

Zelle A13　Die Formel lautet: =A1+A11
　　　　　(Anlagesumme plus Zinsertrag)

	A	B
1	20.000,00 €	Anlagesumme
2	0,25%	Zinssatz (Zinsen pro Jahr)
3		
4	20.02.2021	Anlagebeginn
5	21.08.2021	Anlageende
6		
7	0,14 €	Zinsen pro Tag
8		
9	181	Wie viele verzinsende Tage?
10		
11	25,14 €	Ertrag (Zinsen) gesamt
12		
13	20.025,14 €	Auszahlung am 21.08.2021

GLOSSAR

BEGRIFF	DEFINITION
Formel	Eine Berechnung, die Sie selbst zusammenstellen; beginnt mit einem Gleichheitszeichen(alternativ mit dem Plus-Zeichen, wenn Sie die Eingabe über den Nummernblock auf Ihrer Tastatur vorziehen).
Funktionen	Vordefinierte Berechnungsformeln, die EXCEL standardmäßig zur Verfügung stellt.
Funktion ARBEITSTAG	Berechnet das Datum vor bzw. nach einer bestimmten Anzahl von Arbeitstagen (ohne Wochenenden und Feiertage).
Funktion HEUTE()	Berechnet das aktuelle Tagesdatum; wird automatisch aktualisiert.
Funktion JAHR(DATUM)	Ermittelt aus einem Datum die Jahreszahl.
Funktion MONAT(DATUM)	Liefert aus einem Datum den entsprechenden Monat als Zahl.
Funktion NETTOARBEITSTAGE	Berechnet die Anzahl der Arbeitstage (ohne Wochenende und Feiertage) zwischen zwei Datumsangaben.
Funktion RUNDEN	Rundet eine Zahl kaufmännisch auf eine festgelegte Anzahl Stellen hinter dem Komma.
Funktion TAG(DATUM)	Liefert aus einem Datum den entsprechenden Tag im Monat als Zahl.
Funktion TAGE	Liefert die Anzahl von Tagen, die zwischen zwei Datumsangaben liegen.

BEGRIFF	DEFINITION
Funktion TAGE360	Berechnet bei Zinsberechnungen die Anzahl der verzinsenden Tage zwischen Anlagebeginn und Anlageende.
Menüband	Es enthält alle Befehle und Menüs des jeweiligen Registers.
Schaltflächen	Buttons/Kästchen im Menüband.
Syntax	Aufbau einer Formel/Funktion; die Berechnung erfolgt unter Verwendung bestimmter Werte (Argumente) in einer bestimmten Reihenfolge (Syntax).
Weitere Dialogfenster	Zusätzliche Befehle eines Registers, aufzurufen über das kleine Kästchen mit dem Pfeil unten rechts in der jeweiligen Gruppe.
Arbeitsmappe	Eine EXCEL-Datei, die ein oder mehrere Tabellenblätter enthält.
Format/ Formatierung	Eine der grundlegensten Funktionen in EXCEL. Beim Formatieren von Zellen wird lediglich die Art der Darstellung der in den Zellen vorhandenen Daten verändert.
Relative Zellbezüge	Werden beim Kopieren oder Verschieben von Formeln entsprechend angepasst.
Absolute Zellbezüge	Bleiben bei Kopier- und Verschiebeaktionen unverändert; sind durch das $-Zeichen gekennzeichnet.

Nachwort

Soweit zusammengefasst die wichtigsten „alltagstauglichen" Berechnungsmöglichkeiten für Datum und Uhrzeit in der Tabellenkalkulation.

Ich hoffe, ich konnte Ihnen, neben dem Aufzeigen der einzelnen Arbeitsschritte, hilfreiche Tipps und Tricks mitliefern. Die Übungen sollen helfen, das Gelernte anzuwenden.

Band 1 ist meinen Vorstellungen nach erst der Beginn einer Reihe „kleiner" Bücher. In einer Art Sammelband können - sofern Nachfrage besteht - noch viele weitere Bände folgen.

Ideen dafür habe ich genug…

Ihre
Karen Schümann